小学生心灵成长系列

坚强独立靠自己

曹飞飞 主编

知识出版社
Knowledge Publishing House

图书在版编目（ＣＩＰ）数据

坚强独立靠自己 / 曹飞飞主编. -- 北京 ：知识出
版社，2018.5

（小学生心灵成长系列）

ISBN 978-7-5015-9752-9

Ⅰ. ①坚… Ⅱ. ①曹… Ⅲ. ①品德教育—小学—课外
读物 Ⅳ. ①G624.153

中国版本图书馆CIP数据核字（2018）第100068号

坚强独立靠自己 曹飞飞 主编

出 版 人	姜钦云	
责任编辑	万　卉　徐　铉	
策划编辑	毛泳洁　陈佳宁	
装帧设计	罗俊南　孙　阳	
出版发行	知识出版社	
地　　址	北京市西城区阜成门北大街17号	
邮　　编	100037	
电　　话	010-88390659	
印　　刷	天津顾彩印刷有限公司	
开　　本	880 mm×1230 mm　1/32	
印　　张	3.5	
字　　数	67千字	
版　　次	2018年5月第1版	
印　　次	2021年1月第5次印刷	
书　　号	ISBN 978-7-5015-9752-9	
定　　价	20.00元	

前　言

　　成长是孩子们必经的一段旅程，在这段旅程里他们要经过一帧帧不同的风景，打开一扇扇神奇的大门，探索这个世界的奥妙与神奇。在这个过程中，家长并不能时时刻刻陪伴在孩子身边，在孩子的认知与这个世界发生碰撞的时候，他们也许无法及时替孩子答疑解惑，但压在孩子心里的困惑和烦恼亟待解决。

　　因此，我们编著了"小学生心灵成长系列"丛书。

　　"小学生心灵成长系列"丛书共十册，分为十个主题。这十个主题以提高孩子的情商和德商为出发点，涉及孩子在成长过程中可能遇到的自卑、骄傲、敏感等一系列问题。我们的目的是通过书中的指引，让孩子在阅读的过程中不断主动思考，进而找到问题的答案，解决孩子的烦恼。我们希望孩子们在阅读这套书的时候，除了感受读书的乐趣，还能在以下几个方面获得成长的启迪。

　　小故事。故事是世界的镜子，反映出世界的多种面貌。故事中有幸福也有苦难，有欢笑也有眼泪，更有做人的基本准则。我们在编写故事时，特意选取了许多经典小故事，让孩子在阅读时不仅不会产生抵触，而且还能得到温暖和力量，解决自己的烦恼。

大道理。道理并不都是生硬、冰冷的，它也可以是寒冷时候的一杯热茶、炎热天气里的一缕清风。我们在爬过成长这座大山时，总结了一些经验，而这些经验恰好可以帮助孩子少走弯路，做更好的自己。所以我们在每篇结尾设置了"成长心语"的环节，结合故事来告诉孩子一些成长中的道理，启迪智慧。

新愿景。把阅读变成有效的成长方式，是我们编写这套书的最初愿望。这套书里有名人名言，有经典故事，也有深层次的道理，这些都是有出处和典故的。我们希望孩子不仅仅是阅读故事，还希望他们能了解故事发生时的历史文化和时代背景，对故事能产生更浓厚的兴趣，继而自己动手去翻阅资料查找内容，自主开拓阅读视野，开辟更多获取知识的路径。

"小学生心灵成长系列"丛书便是这样一套有意义的书。希望孩子在阅读这些充满正能量的故事后，能够真正滋润心灵，提高自身的能力，逐步成长为一个了不起的人。

编　者

2018.4

目录
Contents

总统家的第一千金

> 我不会做一辈子的总统，但我一辈子都要做好一位父亲。
>
> ——奥巴马

2016 年 5 月 1 日，美国白宫发出一项声明，总统奥巴马和妻子米歇尔对外宣布，他们的大女儿玛利亚·奥巴马被哈佛大学录取了。

一石激起千层浪，全世界的目光在那一天都集中在了当时十九岁的玛利亚·奥巴马身上。令大家吃惊的是，玛利亚在接到哈佛大学的录取通知后，第一件事并不是享受即将进入名校的喜悦，而是冷静地规划了自己的人生。为了能更好地实现自己的人生目标，玛利亚决定暂缓一年入学，利用这一年的空档期，游学，打工，接触社会。

优秀、自信、独立，这是美国民众和媒体对这位前第一千金的评价，对于培养出这样一位孩子的奥巴马夫妇，大家更多的是惊讶和赞叹。因为，众所周知，奥巴马和他的夫人米歇尔几乎可以称得上是世界上最忙的父母，但事实上，在忙碌的同时，他们并没有缺席孩子的成长。

在玛利亚和妹妹还小的时候，因为父母都忙于事业，无暇照顾她们，所以她们被送到了外婆家生活。尽管女儿不在身边，奥巴马夫妇也依然对她们的教育严格要求。

为了培养两个女儿良好的习惯，妈妈米歇尔为她们制订了严格的作息时间表和课外计划。玛利亚和妹妹可以选择自己喜欢的事情，但是必须坚持下去。同时，妈妈还为她们指定一项运动，不论喜欢与否，她们都不能拒绝。

相对于严格的米歇尔，奥巴马可以称得上是一个"慈父"，不管是竞选总统的岁月，还是当选总统之后的日子，奥巴马从来没有缺席过一次家长会，而且只要一有时间，他就会陪女儿们去游乐场，希望她们能在快乐的环境中健康成长。

作为总统千金，玛利亚和妹妹跟随父母入住白宫后，一下子生活在了全世界人民和媒体的关注之下，她们出行有保镖，一切都有人会安排好。怎样才能防止她们在这样巨大的诱惑下迷失自我，是奥巴马和米歇尔最关心的事情。

在父母正确的引导和教育下，玛利亚虽然同样遭遇了很多青春期孩子们都会有的问题，比如成绩倒退、在音乐节上喧闹等不良行为引起媒体谴责；但是在奥巴马夫妻的教育和劝说下，玛利亚很快意识到了自己的问题，并且迅速进行了纠正。

如今，已经离开白宫的奥巴马一家恢复了普通人的生活，但是玛利亚的光芒却并没有因此消失。相反，卸去了"第一千金"的光环，属于她自己的人生才刚刚开始。

坚强独立靠自己

成长·心语

　　每个孩子在成长的过程中都有无限的可能，但是这些美好可能的实现，都是父母和孩子共同努力的结果。作为一个子女，不论父母拥有多么高的社会地位，他们都不能代替我们去过这一生，所以，只有我们自己的努力，才能提升我们自己的能力，才能在离开父母的庇护后，依然成为一个优秀的自己。

独立的人生最闪光

滴自己的汗，吃自己的饭，自己的事情自己干。靠人靠天靠祖上，不算是好汉。

——陶行知

清代有一个著名的画家叫郑板桥。郑板桥有一个女儿，从小跟着父亲学习绘画，得到了父亲的真传。等女儿到了嫁人的年纪，媒婆们纷纷上门，介绍了很多有钱的人家供郑板桥挑选；但是，郑板桥挥挥手，一家都没选。

家人们感觉很奇怪，就问郑板桥："那些人家不好吗？听起来他们的情况还不错。"郑板桥摇摇头回答："他们有的是他们的，我想给女儿找的不是这样的人家。"

过了一段时间，郑板桥为女儿介绍了自己一位书画好友的后代，并且坚持婚事从简。两家人简单吃了一顿饭。女儿临走的时候，郑板桥掏出了一幅字画交给她，对她说："这幅画和我教给你的画画技艺就是你的嫁妆。"

女儿接过画，拜谢了父亲。之后，她靠自己的双手，成了当时有名的一位女画家。

除了女儿，郑板桥对自己的儿子也很严格。郑板桥的儿子名叫小宝，因为要去外地做官，郑板桥把小宝留在了老家，交给自己的弟弟教育。

有一次，弟弟给他来信说，小宝在家里学会了向别人炫耀："我的爹爹是大官！"还总是欺负佣人们的子女。郑板桥很生气，他在回信中说他五十二岁才有了这个孩子，当然非常爱他，但是虽然爱，也要用正确的方法，不然就是溺爱。

弟弟接到他的信后，对小宝开始严格要求，纠正了小宝的很多错误的做法。等到小宝六岁的时候，郑板桥把小宝接到了身边。每天，他在给小宝布置学习任务的同时，还要求小宝做一些力所能及的事情。从自己穿衣到自己洗碗，小宝需要做的事情渐渐增加，到他十二岁那年，郑板桥开始要求他每天要用小桶挑水，不管酷暑严寒从不间断，培养了小宝吃苦耐劳的性格和坚持的毅力。

在郑板桥的教育下，小宝长成了一个男子汉，并且承担起了家里的重担。但是郑板桥依然不放心，在他临终的时候，他把小宝叫到床前，对小宝说："我就要走了，在走之前，想要吃到你亲手做的馒头。"

小宝答应了父亲的要求，但是他从来没有做过馒头，只好去请教家里的厨师。费了九牛二虎之力，小宝终于做出了几个馒头，赶快端到父亲面前。没想到，郑板桥根本没有吃，他只是抬起头看了看那几个馒头，留下一句："这我就放心了。"就与世长辞了。

小宝终于明白，原来父亲只是想要在临终前看到他能够独立地生活。一瞬间，他哭倒在了父亲的床前。

成长·心·语

父母不管多么爱自己的孩子，都不可能陪孩子一辈子。所以，从小就培养孩子独立自主的能力，是聪明的父母会选择的做法。

而作为孩子的我们，首先要学会的是从心理上不依赖父母，然后学会从生活上照顾自己，在家里经常做一些力所能及的事情，在减轻爸爸妈妈负担的同时，也锻炼自理能力。

不可能的可能

在事情未成功之前，一切总看似不可能。

——曼德拉

2013 年 12 月 5 日，享年九十五岁的曼德拉与世长辞，留给世界一个沉痛的背影。然而纵使他身归黄土，历史也将铭记他为人类尊严、自由、平等做出的贡献。他是一位具有时代意义的英雄。

曼德拉出生在南非一个黑人家庭，在亲眼见证、亲身经历了种族歧视下黑人的艰难困苦后，曼德拉发出了自由的呼声。他倡导黑人独立运动，很快获得了长期被奴役的黑人们的支持，越来越多的人站在了他的身后。

与此同时，曼德拉也为自己招来了祸患。1962 年，曼德拉被捕入狱。1964 年，他被转移到南非罗本岛的一所秘密监狱。那些拥护种族隔离的白人们，扬言要让他老死在监狱里，终身不得释放。狱中的曼德拉是最卑微的 D 级犯人。在没有拥护者保护的情况下，他不仅要承受超强程度的苦役，还得遭受当局严格的政治把控，连与外界的书信往来都在当局的监视之中。

一天，曼德拉刚从岛外的石料厂服完劳役回到囚室，监狱的狱警立马拎着警棍，站在精疲力竭的曼德拉身前，用左脚踢了踢他。见他缓缓坐起身来，狱警高高在上地俯视着他。他用警棍狠狠地抽打了曼德拉几下，又戳着他的脸问："民族解放？像你们这种生而低等的种族还妄想推翻我们的统治？醒醒吧！"

曼德拉因剧痛而冒出的汗水伴随着血液一起流了下来，他的头被警棍压得无法抬起，只能两眼瞥向狱警。眼神坚定而灼热。

他说："人生而平等，我们应该生活在一个人人和睦相处的社会，一个民主自由的社会。我愿穷尽此生，去实现这个理想。我始终坚信，这样的时代会到来。你尽管打我骂我，甚至可以杀了我。怀着这样信念的不只我一个，你们难道还能把所有人都抓进监狱里来吗？"

狱警十分暴躁，不知道是因为曼德拉的这番话让他感到愤怒，还是让他感到隐隐的不安，他再次用警棍殴打曼德拉。很快，曼德拉没了声音。他试探了下，确认曼德拉还有一口气，才收了手。

在曼德拉于狱中苦熬时，狱外要求释放曼德拉的呼声越来越大，好像真的如同曼德拉所说，支持他的人不会随着时间的消逝而淡忘那些炽热的念头，相反，他们的声势会越来越浩大。

终于，1990年，当局释放了被关押二十七年之久的曼德拉。在人们的欢呼声中，曼德拉走出了监狱，对于监狱里发生的一切，他都宽容原谅了。1993年，曼德拉获得了诺贝尔和平奖，嘉许他为消除南非种族歧视做出的贡献。1994年，他成功当选为南非历史上第一位黑人总统，开创了南非的新局面。

成长·心语

在曼德拉当选南非总统之前，谁能想到一个黑人最终会成为他们的领袖呢？在曼德拉享受监狱外的阳光和人们的欢呼之前，谁又会相信二十七年艰难的监狱岁月始终没能将这位老人的斗志和坚持给磨灭掉呢？许多事情，在尚未成功之前，总看似不可能。有的人畏首畏尾不敢迈出第一步，只能抱憾终身，与成功隔岸相望。有的人，却摆脱了看似不可能逃脱的枷锁，创造了可能。

反抗困境的勇者

即使在把眼睛盯着大地的时候，那超群的目光仍然保持着凝视太阳的能力。

——雨果

"哎，陈胜，来我这。"一个名叫陈胜的年轻男人，肩挑两担盛满水的木桶，从河边走来，还未走到自家的田地，就被邻居叫住了，"我家刚做的饼，来一口？"

陈胜笑着接过，说道："这份我记着了啊，等我富贵了，不会忘了你的。"

"哎，你说你，想什么呢，命就是命，富贵是官家老爷的，我们种地的就别想了。"

"难道你甘心这一辈子被奴役？你还记得前面村子里的那个人吗？因为一点点小错，就被当官的杀了，这口恶气，你能忍吗？"

坚强独立靠自己

"那是他太不小心了，而且……会给族人带来灭顶之灾的。"邻居有些焦急，话还没说出口就被陈胜坚决地打断了——

"你们这些小燕雀怎么能知道鸿鹄的远大志向？"说罢，陈胜头也不回地走了。

秦朝末年，暴君当政，民不聊生。陈胜不甘心受人奴役，也不甘心只做一个面朝黄土背朝天的庄稼汉。他虽然身份低微，却勇于反抗，他率先看到了社会的不平等，看到了奴隶制蕴藏的血与泪，并提出了改变这种不平等的朴素而勇敢的要求。反抗命运的决心犹如一团烈火在他胸中燃烧，不久，他便以实际行动向人们证明了自己的豪言壮语。

秦二世元年七月，朝廷征兵戍守渔阳，陈胜也被征去了，还被任命为屯长，带队前进。

"全都给我走快点，别落下。"军官粗大的鞭子打在陈胜屯里的兵丁身上。兵丁咬咬牙，没有吱声，沉默地继续前行。

"快，都快点！规定到达渔阳的期限快到了，不想死的，都给我跑起来！"

"官爷，再给点期限吧，您看这连天大雨，听说前方的道路都被洪水阻断了，规定期限根本到不了啊！"队伍里一个实在走不动的小兵跪地哀求道。

"你是官爷还是我是？惑乱军心！给我斩了！"军官不讲理地命令手下将那个小兵处死。

小兵的死亡让陈胜决定不再沉默，就在当天夜里，他聚集屯里的弟兄号召道："兄弟们，我们现在处境艰难，去也是死，逃亡也是死，不如干一番大事业，至少人生无憾了！"陈胜接着又对时局进行了分析："天下人早就对秦的苛政不满了，我们可以趁势起义，推翻秦的统治。"

陈胜在队伍中相识的好友吴广，在士卒间很有声望，也十分佩服他的胆略，决定配合他的计划。一天，吴广见时机基本成熟，便趁两个押送士卒的军官喝醉，故意扬言逃跑，以激怒押送他们的军官。喝得醉醺醺的军官们果然大怒，痛打吴广，于是士兵们群起而攻之，吴广和陈胜趁势将两名军官杀死。

随后，陈胜把九百名和他一样的士兵召集起来，发表了一段激情澎湃的演讲，其中一句"王侯将相宁

★★
坚强独立靠自己

有种乎"点燃了所有人的激情。士兵们对秦王朝的满腔怨恨和愤怒，如同冲溃了堤坝的洪水奔泻而出，齐齐加入反抗队伍。陈胜、吴广的起义得到了附近老百姓的积极响应，他们纷纷揭竿而起。

虽然这次起义最后失败了，但是从根本上动摇了秦王朝的统治，鼓舞了千百万劳动人民起来反抗残暴统治。

成长心语

　　陈胜虽然出身低微，但是他从来不认命，而是以一种超群的眼光看待问题，勇于反抗。陈胜家境贫穷，却不自怨自艾，被人奴役，却不自甘认命。他在逆境中生活，却最终带领着人民站起来反抗暴政。

　　人不能决定自己的出身环境，但一定不能放弃拼搏；不能决定自己的境遇，但一定可以决定自己前行的方向。

坚强独立靠自己

奏响命运之曲

　　卓越的人的一大优点是：在不利和艰难的遭遇里百折不挠。

——贝多芬

　　贝多芬是世界知名的音乐家。他出生在德国，生前创作了二百五十多部曲子。其中，有许多部交响曲，如第三交响曲《英雄》、第五交响曲《命运》、第六交响曲《田园》等，都已经成为世界音乐史上最重要、影响力最大的作品之一。他承前启后，集古典音乐之大成，又开启了浪漫主义的先河，因而他被称为欧洲的"乐圣"，也是世界的"交响乐之王"。

　　贝多芬出生于一个音乐世家，他的祖父和父亲都是宫廷乐团的成员。他在小时候就表现出了非凡的音乐天赋，八岁的时候就能独立创作曲子，并在音乐会上表演。

虽然颇有音乐天赋，但是贝多芬的音乐创作之路并不是一帆风顺。他的童年过得十分艰辛，父亲收入微薄。青年时期又接连遭遇了爱情、亲情两方面的打击。他的母亲病逝后，父亲酗酒，他为了照顾两个弟弟，一度放弃了在维也纳跟随大师学习的机会。中年时期贫病交加。他在二十多岁时就查出患有耳疾，四十九岁时就完全耳聋了，再也无法聆听到任何声音——这对一位音乐家来说是多么致命的打击。

在失去听力的日子里，贝多芬一度十分绝望，甚至产生过轻生的念头。然而，他又不甘心就此被命运击垮，放弃对音乐的热爱。他以一种顽强的毅力和乐观的精神，决定向残酷的命运发起挑战。他在给好友的一封信中这样写道："我要扼住命运的咽喉，它不能使我完全屈服！"

贝多芬最经典、最伟大的几部交响曲，便是在他完全耳聋的境况下创作出来的。其中最著名的、演出次数最多的一部作品，便是他向命运发起挑战，奏响的生命燃烧之曲——《命运交响曲》！乐章开篇，贝

坚强独立靠自己

多芬就写下了一句："命运在敲门！"整首曲子磅礴、震撼，跟命运的抗争、不屈的意志，紧紧围绕着主题而展现。贝多芬用这部历时五年艰辛创作出来的作品，向人们诉说出他的心声：光明一定能战胜黑暗，而英雄也能凭借意志战胜命运。人是不会被命运所左右，不会被苦难所打倒的！

　　恩格斯称赞《命运交响曲》是世界上最杰出的音乐作品："要是没有听过这部壮丽的作品的话，那么你这一生可以说是什么作品也没听过！"

　　命运施加给贝多芬的挫折没有打倒他，反而激发了他不屈不挠的斗志，创作出了杰出的音乐作品，使他成为世界上最伟大的音乐家之一。

成长心语

贝多芬不仅仅是伟大的音乐家，同时还是非常杰出的艺术家、思想家。

遇到不幸，不同的人都会展现出不同的态度。有的人选择妥协退让，有的人不屈不挠。而贝多芬就是后者。他那种绝不向不幸屈服，顽强跟命运抗争的精神，是值得我们学习的。我们要学会把人生的不幸与痛苦，变成在生命艰辛开出来的花朵。我们要学会如何在逆境中奋起，如何在苦难中磨炼自身。无论命运多么艰难，只要你坚持、不放弃，只要你心中依然有坚定的信念和希望，就不会被打倒。

贝多芬没有向不幸和苦难妥协，而是不断磨砺自身、在逆境中成长，因此他成了非常伟大的人物。直至今日，他的音乐和事迹依然鼓舞和感动着许多人。

★★★
坚强独立靠自己

021

人生的弯路

一个人知道了自己的短处，能够改过自新，就是有福的。

—— 莎士比亚

有的时候，人生的路途不会一帆风顺，而是总要走一段弯路，才能绕回到正确的道路上。

2015年，好莱坞演员小罗伯特·唐尼以八千万美元的年收入，跃居"全球演员富豪榜"第一位，风光无限。小罗伯特·唐尼的人生故事比起剧情更是跌宕起伏，充满辛酸，他这一路走来十分不易。

唐尼的父亲老罗伯特·唐尼是一名喜剧导演，在小唐尼十八岁那年，老唐尼告诉他，既然已经成年，那么老唐尼就不会再给他一块钱。于是，小唐尼开始辗转各大剧院打工。无论演什么角色，他总是比别人提前半个小时到，还帮忙做剧务杂活儿，就为了每周能多赚几十美元。

直到 1992 年，小唐尼在电影《卓别林》里出色地饰演了艺术大师卓别林，获得了第六十五届奥斯卡最佳男主角的提名，虽然败给了另外一部影片《闻香识女人》的男主演，但唐尼也通过这部影片获得了演艺界和观众的认可。

自《卓别林》后，唐尼又陆续接了一些不错的片约，如《天生杀人狂》《查理三世》等，他逐渐成为好莱坞人气最高也最具潜力的男明星。但随着他的事业步步高升，节节开花，他在生活上随性的作风让他的演艺生涯遇到了红灯。

一次，他赤身开着跑车飙车，被警察拦截，还被查出携带违禁药物和非法枪支。还有一次，唐尼被媒体记者报道，他因为服用违禁药物而失去理智，闯进邻居家睡觉，被人报警抓走。他被关入了违禁药物的戒断中心，可唐尼还不知悔改，曾试图逃跑，以致关押期限再次被延长。

因为这一系列的负面新闻，唐尼声名狼藉，朋友

坚强独立靠自己

和欣赏他的同行、粉丝都渐渐离他远去，也没有人再邀请他出演电影。

在被关押进行违禁药物的戒断期间，唐尼感到懊悔。他的演艺事业整个陷入了低谷，他还要跟能上瘾的违禁药物做斗争，战胜毒瘾。在他复出后，这位奥斯卡的准影帝接到的第一份工作是给歌手埃尔顿的新歌 MV 做替身，为歌手对口型。其他人知道他的境况后都唏嘘不已。唐尼明白今时不同往日，他依然认真地对待这份工作。一个镜头拍摄了十六次，唐尼不厌其烦地一次次表演，终于让导演满意地点头。

唐尼慢慢地又接到了一些演艺方面的工作，他不忌讳人们对他过往的辉煌和曾经的堕落议论纷纷，他把自己过往复杂的经历揉碎了，掺杂在他的表演技巧中，为人们呈现出更加成熟的演技。

没有青年时期的青涩和刻意炫技的痕迹，唐尼的表演更加自然。这些表演为唐尼收获了一部分粉丝的好感，让大家相信唐尼真的有所改变，也为唐尼带来了重新崛起的机会——《钢铁侠》的邀约。

正是因为唐尼得到了《钢铁侠》的男主角托尼·

斯塔克的角色，他的人生才迎来了"触底反弹"。唐尼对角色加入了自己的理解，塑造了一个幽默、老练、天才但又带着种种缺点的角色。这样的非典型的英雄令观众眼前一亮。这部电影在全球获得了巨大的成功。

小罗伯特·唐尼连续出演三部《钢铁侠》，为出品方带来了超过二十亿美元的票房，小罗伯特·唐尼的人气、名气、片酬也到达了前所未有的高峰。

唐尼并不是一个完美的演员和偶像，他身上有很多矛盾的地方，让他显得很真实。他犯过很多错误，走过很多人生的弯路，但他也改正了那些错误，并且从弯路走回了人生的正道。

唐尼用他的经历告诉大家，走弯路并不可怕，重要的是，你要知道自己怎样走回正确的道路上，不要迷失了正确的方向。

成长·心语

　　有的时候，你会不小心走上人生的弯路。但走上弯路并不意味着你要走到底，你还可以回头，可以改正，重新回到正确的人生道路上来。只要你认清自己，认清现实，确定好方向，就能重新出发。

受过伤才懂坚强

人生求胜的秘诀，只有那些失败过的人才了如指掌。

——威·柯林斯

人生不经历风雨，哪里能见到彩虹？

经历过挫折，才更加勇敢；经历过失败，才更加智慧；经历过受伤，才更加坚强。你要把人生中所受过的伤和苦，当成勋章和良药；你要把人生中流过的血和泪，当成雨露和甘泉。一切辛苦，都不会白费；一切苦难，终有其价值。

李小五高考落榜后，跟着父亲回到家乡的小镇，学起了木匠的手艺。因为高考落榜的打击，小五的情绪一直十分低落，他想到自己以后可能就只是跟父亲一样，成为一名木匠，就觉得人生没有了光亮和希望。

有一天，小五跟着父亲学怎么刨木板，要把木板表面处理得光滑一些。可是，因为木板上的木结，工具被卡住了，小五怎么使劲儿都刨不动它。

"父亲，这块木板上的木结怎么这么硬？我刨不动了。"小五向父亲求助。

"木结之所以那么硬，是因为这是木板受过的伤。"父亲一边干活一边回答。

"受过的伤？"小五听不明白父亲的意思。

"这些木结呢，都是树木曾经受过伤的部位结疤形成的。树木会让自己受过的伤，变成更坚硬的树结。"父亲停下了手里的活儿，抬头跟小五解释道，"人也是一样的。只有受过伤之后，才会变得更坚强。"

父亲的话让小五深深地震撼了。

受过了伤，反而变得更坚强。树木尚且这样，人怎么能还不如一棵树呢？

人正是因为会经历种种伤痛和失败，才会成长的呀。经历的伤痛和失败越多，人也就越坚强。自己为什么要因为一次高考落榜就对人生灰心丧气了呢？

小五突然悟出了一个道理，他放下了木工的刨子，回到了学校。小五参加了补习班，重新翻开书本，刻苦攻读，满怀信心地准备高考复习，去迎接人生中的又一次挑战。

　　失败和苦难并不是人生的坏事，把挫折当成人生的磨砺，相信这会让我们变得更强大。

坚强独立靠自己

成长·心语

感谢那些你受过的伤，因为它们使你更坚强。感谢那些你尝过的苦，因为它们使你更珍惜生活的甜。感谢那些让你承受过的失败，因为它们让你找到成功的方法。感谢那些让你流过泪的人和事，因为是它们让你迅速成长和成熟，成为一个有勇气、有担当、有能力的人。

每天投一枚硬币

在下决心以前，犹豫也许是必要的。然而，一旦下了决心，就应该一直往前走。

——石川达三

有个年轻人，他是一家著名企业的管理者，他每天奔走于公司和培训中心，忙得像个陀螺，只有在入睡前，才有属于自己的时间去创作。

年轻人一方面承受着现实的压力，一方面坚持着心底不为人知的梦想。很累的时候，他也想过要不要辞职，全心全意地做音乐，可是一想到失业后的种种境况，他又十分担忧。

他创作出了许多的作品，但是他不擅长作词，所有歌词都味同嚼蜡。机缘巧合下，年轻人结交了一位擅长作词的朋友。

坚强独立靠自己

朋友是个优秀的作词人，获得过很多奖。他十分欣赏年轻人，他们一拍即合，一起创作。有了合作的人，年轻人却迷茫了，他不想辜负朋友的期望，但也不知道下一步要怎么做。

朋友知道后问他："你希望四年后的自己变成什么样子？"

年轻人仔细想了想，说："我希望四年后有自己的工作室，有自己的粉丝，市场上至少有我的唱片在发行，唱片很红，人们在街头巷尾唱着我的歌。"

朋友说："想好了吗？这是你想要的？"

他坚定地回答："是的。"

朋友拿出纸笔，对他说："好，我们可以倒推一下。四年后的你想要发行一张唱片，按照制作唱片的周期和程序，第三年你必须和一家唱片公司签约，是吧？"

年轻人点点头。

朋友又继续往下写："假设你要和唱片公司签约，那么你第二年必须要有成熟的音乐作品去打动他们。"

年轻人慢慢地说："你的意思是，第二年要完成这件事，那么我第一年就要完成所有的歌词、作曲、编曲，提前做好准备。"

朋友笑着说："没错，所以我们第一年的目标已经有了。你现在手里有了一些没有完成的作品，你花半年的时间把它们制作完成，挑选出一部分优秀的放到一起。半年的时间创作，半年的时间用来修改、完善。这样每个月、每天该做什么，不就很容易了吗？"

年轻人犹疑地说："如果我失败了，我也不可能有工作室了。"

朋友拍了拍他的肩膀："我不能保证你不会失败，但如果你不这样做，你将永远不会成功。"

年轻人恍然大悟，于是他勇敢地辞掉了工作，和朋友一起专心创作音乐，用尽各种方法去了一家音乐公司上班。他在床头放着一排玻璃罐，按照那个四年计划，细分每天要做的事情，只要完成了当天给自己安排的任务，他就会在桌上的玻璃罐子里投一枚硬币。

四年后，他的房间全是装满硬币的玻璃罐，而四年后的他，也终于登上了自己梦想的舞台。

成长·心语

　　如果你有想要去做的事情，有想要完成的心愿，那么你就不要管别人的反对声有多大，不要害怕背后那些嘲笑的声音，坚定自我，坚定信念，勇敢地去完成吧。

走出自己的路

走自己的路，让别人去说吧！

——但丁

大家知道什么是白癜风吗？这是一种后天性的皮肤色素脱失病，据科学研究，这种病症是因为皮肤的黑色素细胞功能消失而造成的。目前还没有真正适用的治疗方案。患有白癜风的人，他们的面部、身体、四肢等都会出现广泛而分散分布的白斑。

从前有个女孩，她出生在加拿大，从四岁起，她就饱受白癜风的困扰。比起身体健康受到的影响，让她倍感难过的是其他人的嘲讽和欺凌。

女孩在童年时期是同龄人取笑和嘲讽的对象，经常被人恶意地取各种外号，比如"斑马""奶牛"等。童年备受欺凌的经历曾一度让她感到绝望。可女孩的妈妈没有放弃，一直鼓励和支持着女儿，让她不要轻言放弃。

后来，他们一家搬到了美国，女孩也离开了故乡，开始新的生活。她决定，坦然接受上帝给予她的一切，并且跟那些嘲笑她的人抗争，走出一条属于自己的路！只要知道自己的方向，那么整个世界，都没有她去不了、征服不了的地方。

女孩报名参加了美国颇具名气的一个模特选拔比赛，并且通过比赛一举成名，获得了广泛的关注。节目的评委们十分欣赏她，觉得她身上的缺陷正是她独一无二之处。而女孩也从评委们的鼓舞中得到了激励，她把缺陷当成了自己的特点，让不完美的白斑皮肤变成了让所有人都印象深刻的美丽。

比赛结束后，女孩的坦然和自信让她获得了许多的机会。她开始拍摄商业广告、登上全球知名的杂志封面、当名牌时装的代言人。她成为时尚圈的宠儿，她的自信与特别也感染了很多人。

现在，女孩不仅是一位具有很高知名度和商业价值的超级模特，还是一名公共演讲者和白癜风协会的大使。她鼓励很多跟她有同样困扰的人一起坚强起来，与疾病、与其他人的嘲笑做斗争。女孩希望用自己的经历向所有人证明，就算有再多的诋毁和嘲笑，只要坚持自我、努力奋斗，就能实现自己的梦想。

有一次，女孩回到了自己的高中母校，为同学们做公开演讲。她鼓励同学们坚持自己的梦想："我爱我自己，我接受自己，正因为如此，各种机会便纷纷向我靠近。我希望大家也能爱自己、相信自己。"

将缺憾变成美丽，将他人眼中的缺点变成自己的优点。这名女孩坚持自我，正面迎击外界的冷眼和嘲讽，最终，她破茧成蝶，获得了成功。

★★
坚强独立靠自己

成长·心语

　　每个人的身上都绽放着独一无二的光芒，但这种光芒，在经历重重困难和挫折时，或是渐渐黯淡，或是越来越明亮。这取决于个人心中的信念与坚持。相信自己，坚持自我，定能走出属于自己的道路，活出自己想要的模样。

向着希望和光明奋斗

人生里有价值的事，并不是人生的美丽，而是人生的酸苦。

——哈代

钟彬娴是一个出生在加拿大多伦多的华裔女孩，她的人生就是一部励志奋斗史。

小学四年级时，钟彬娴喜欢画画，她在橱窗内见到一盒有着一百二十种颜色的画笔，做梦都渴望拥有。她把自己的想法告诉了父母，父母从小就不溺爱孩子，告诉她一切都要通过自己的努力得到。当听到钟彬娴的要求时，父母说，你所有科目能考到 A，我们就给你买画笔。

原以为孩子会哭闹，没想到钟彬娴没有多言，推掉了所有的娱乐活动，全心全意学习，当她把一张漂亮的成绩单交到父母手里，她也得到了那盒心爱的画笔。靠自己努力得到的礼物，让钟彬娴觉得很开心。

后来，这个女孩子保持着优异的成绩直到升学，进入美国普林斯顿大学的英国文学专业学习，毕业后她开始到百货公司上班。虽然她只是底层的一名售货员，但是钟彬娴把全部的精力投入到了工作中。二十岁到三十二岁，钟彬娴用十二年的时间当上了公司女装业务的负责人，为公司带来了巨大的收益。两年后，她也遇到了自己的白马王子——布鲁明岱百货公司的CEO麦克·古尔德。两人恋爱不久后便结婚了。

按理说，钟彬娴完全可以当一个"阔太太"，享受一辈子的荣华富贵。可是钟彬娴不想要那样的人生，她在公司待了两年，为了避免别人说闲话，也为了追求更广阔的天空，她毅然选择辞职，开始找寻一个适合自己发展的平台。

钟彬娴有着丰富的从业经验和较强的领导能力，也结识了一群有资深经验的商业伙伴，经过深思熟虑之后，钟彬娴选择了雅芳。雅芳的CEO吉姆非常欣赏钟彬娴，他相信雅芳作为行业领先的化妆品公司，在杰出的领导者带领下，一定能成为市场上的一条巨鳄。

果然，钟彬娴凭借着卓越的领导力和经验，成了雅芳的首席运营官。

不久后，CEO吉姆退休，钟彬娴原以为自己会接任雅芳CEO，在自己的事业上更进一步。可是在当时的美国企业界，女性一直在职场中处于劣势，而根据董事会最后的投票结果，公司选择了查尔斯·佩林——一名实力逊色于她的男性担任了CEO的职务。

董事会的这个选择无疑是一场风暴，几乎打倒了钟彬娴，原因仅仅是她是一个女人，因为雅芳的历史上从未有过女性领导人。此时，其他有名的企业听说了这件事，纷纷向钟彬娴抛出了橄榄枝，希望聘请她担任CEO，但钟彬娴一一拒绝了。因为钟彬娴对雅芳有着一种割舍不下的情怀，她想，既然自己与那个梦想的职位失之交臂，那就继续坚守在现有的岗位上。

或许，上天有意给钟彬娴机会，后来雅芳遭遇空前的经济危机，查尔斯·佩林引咎辞职，钟彬娴临危受命，终于坐上了那个梦想中的位置，带领雅芳走过艰险，几经改革，终于成了业界的强势龙头企业。

★★ 坚强独立靠自己

成长·心语

　　"宝剑锋从磨砺出，梅花香自苦寒来。"用这句话来形容钟彬娴再合适不过了。如果我们是她，会不会在安逸时就停止前进？会不会在被否定的时候就放弃呢？

　　记住自己的梦想，永远朝着它奋斗，热爱你的人生，保持良好的心态，永远谦卑，进取向上。生命是一条长长的线，而在每个节点上，我们始终英勇，就必定会变得和平凡人不一样。向着光明和希望奋斗，成功也许会来得迟一些，但是它绝不缺席。

自我保护

害人之心不可有，防人之心不可无。

——《菜根谭》

刚上中学的莉莉娅最近特别开心，因为她终于得到了父母的允许，可以一个人上学和放学了。爸爸叮嘱她，现在有很多伤害未成年人的案例，让她一定要提高警惕；可她很不在意地说："没关系，我这么聪明，一定不会被坏人骗到的！"

这一天放学，莉莉娅做值日，等她离开学校时，天色已晚，路上的行人也很少。

莉莉娅一边哼着歌，一边走在路上，突然被一个中年女人拦住了。

"小姑娘。"那个女人捂着肚子，脸上露出痛苦的表情，"我肚子突然很痛，你能帮忙把我送回家里吗？

坚强独立靠自己

我家就离这里不远。"

"当然可以！"善良的莉莉娅毫不犹豫地答应了，她好心地扶着那个女人，顺着她指的方向走去。

走了大概十分钟，还没到那个女人的家里。细心的莉莉娅发现她们经过的地方越来越偏僻，那个女人却还在继续带路。

"阿姨，你的家还很远吗？"莉莉娅忍不住问。

"不远了，很快就到了。"女人语速很快地回答。

但是莉莉娅起了疑心：刚才她不还说自己肚子痛吗？肚子痛的人会这么大声地说话？

想到这里，她偷偷观察了一下四周，发现不远处有一家便利店，于是，她装成关切的样子对女人说："阿姨，你肚子很痛吗？要不要我去帮你买一点药？"

"啊？不要不要！"女人一听就急了，"我这是老毛病了，只要到了家就好了，我们快点走吧。"

"哦，原来是这样啊！"莉莉娅站在原地不动，她想要悄悄地把手从女人的手臂里抽出来，却发现她夹得很紧。莉莉娅心里有种不祥的感觉。

这个时候，天已经越来越黑，这条小路上几乎没什么行人，再往前就是一条黑漆漆的小巷子了，那个女人还在催促莉莉娅赶快走。

莉莉娅飞快地转动着脑筋，终于想到了办法。

她跟着女人又向前走了几步，然后趁那个女人不注意，把装在校服口袋里的钱包迅速掏出来扔在地上，并故意把钱包向后面踢了一段距离，踢完后，她突然大叫了一声："啊！我的钱包！"

那个女人转过身，果然看到身后不远处掉了一个钱包，这时莉莉娅对她说："阿姨，你先在这里等一下，我去捡了钱包再过来扶你。"

"如果没多少钱的话就别捡了，等到了我家，我会送你一个的！"那个女人还是不肯放开她。

莉莉娅眨了眨眼睛："阿姨，那个钱包里有五百美元，是早上爸爸给我参加夏令营的钱，我还没交给老师呢！"

"那么多啊！那你去捡吧，要快一点！"

听到五百美元的一瞬间，那个女人眼睛里露出一道贪婪的光芒，终于放开了莉莉娅的手臂。

莉莉娅微笑着转身，一步一步慢慢地走到钱包前。

就在女人以为她要弯腰捡起钱包的时候，莉莉娅突然加速，飞快地越过钱包，朝着前方狂奔。

"啊！站住！你给我站住！"

女人发现自己被骗了，大吼着想要追上来，但是莉莉娅已经跑到了便利店门口。

"救命啊！救命啊！"莉莉娅拍开便利店的门，指着后面的女人大喊，"那个人是人贩子，她想要抓走我！"

便利店里的工作人员闻声冲出来，那女人见势不妙就想跑，在她逃跑之前，便利店的工作人员抓住了那女人的手臂，并且把她扭送到了警察局。

莉莉娅得救了，这次危险的经历像警钟一样，深深地刻在了她的脑海里。

成长心语

　　与人交往，害人之心不可有，防人之心不可无。青少年要提高自我保护意识，与陌生人相处时，要始终保持警惕，不要被对方制造的一些假象或者说的一些谎话所迷惑。

　　在遇到危险的时候，我们要记得保持冷静，寻找自救的办法，及时寻求别人的帮助。

　　故事里的莉莉娅就是因为一时大意，被骗子利用，落进了骗子的圈套。幸运的是，她及时识破骗子的伎俩，用自己的智慧从危险中解脱出来。

　　在日常生活中，我们要多读一些如何进行自我保护的书籍，多看一些自我保护的案例，确保自身安全。

坚强独立靠自己

抛掉依赖他人的想法

只有我自己才是我的生命和我的灵魂的唯一合法的主人。

——高尔基

2017年3月20日，一百零一岁的美国亿万富豪大卫·洛克菲勒去世了。纵观大卫·洛克菲勒的一生，他凭借自己的双手，在世界金融业闯出一番天地的故事非常值得我们学习。

大卫·洛克菲勒，1915年出生于美国一个非常著名的家族——洛克菲勒家族。这个家族的创始人是世界有名的石油大王约翰·洛克菲勒。大卫·洛克菲勒是洛克菲勒家族的第三代，也是三个兄弟中最小的一个。应该说，从他出生的那天起，就拥有了无数人一生都接触不到的财富。

也许有人以为，洛克菲勒能够成功是因为他含着金汤匙出生。事实上，在大卫·洛克菲勒的成长过程中，他没有借助家族的力量，而是靠自己的力量在金融界打拼。这一切都归功于他从小就懂得凡事要靠自己的力量去实现，不能过于依赖他人。

小时候，大卫·洛克菲勒和哥哥们每周只能得到三角的零花钱，而他们的父母还要求每个孩子都准备一个小账本，记录这三角钱究竟花到了哪里。当三角钱花完的时候，父母就要检查账本，如果花费合理，还可以得到奖励。后来，随着年龄的增长，孩子们获得的零花钱逐渐增多，但是能购买的东西也相当有限。想要有更多的钱可以支配，只有一条路可以走，就是自己赚钱。

所以，大卫·洛克菲勒从小就学会了用自己的双手去赚钱，学习之余，他热衷于游荡在家里的每一个角落，不管是在阁楼上抓老鼠，还是清理院子中的杂草，都可以从父母那里换来相应的报酬。同时，为了赚取更多的钱，大卫·洛克菲勒每天早上六点前就要从床上爬起来，把家里每个人的皮鞋拿出来擦一遍，

★★
坚强独立靠自己

只要他能在全家人起床前完成这个工作，就可以得到一部分报酬。可以说，大卫·洛克菲勒在童年时代从未因为出生在富豪家庭而坐享其成，反而培养了自己独立自主的精神。年少时的成长经历直接影响了大卫·洛克菲勒的一生。他在青年时期考上了世界一流的名校——哈佛大学，毕业后正值第二次世界大战，大卫·洛克菲勒在家人的反对下应征入伍，担任了部队的战地情报官。

在第二次世界大战结束后，他才离开部队回到家里。令人奇怪的是，身为家族中最优秀的青年一代，大卫·洛克菲勒并没有进入家族最有名的石油行业，去依靠家族的力量做事业，而是选择投身于当时百废待兴的金融业。

后来，他凭借着聪明的头脑和独立的精神，坐到了世界第六大银行——曼哈顿银行执行委员会主席兼总经理的位置上，使银行资产从原本的二十亿美元净增到三十四亿美元，创造了金融业的神话。

　　我们要向大卫·洛克菲勒学习,从小培养自己独立自主、不依赖他人的习惯。我们要从内心深处真正认识到,无论是父母、老师还是朋友,没有人能陪在我们身边一辈子。如果过度地依赖家人和朋友,当有一天他们不在身边时,我们可能会一蹶不振,错失宝贵的机遇。

　　因此,抛掉那些依赖他人的想法吧。你会发现,独立的人生更坦荡也更灿烂。

珍妮的动物世界

比成绩更为重要的，是对事物的热爱和充满好奇心！

——胡敦欣

珍妮·古德尔从小就是一个喜欢动物的小女孩，在她很小的时候，她特别想知道鸡妈妈是怎么生出小鸡的，于是她就爬进臭烘烘的鸡窝里观察母鸡下蛋，并独自在鸡窝里待了五个小时。她原本以为自己长大后能顺利成为动物学家，却因为家庭原因没有办法去上大学，渐渐地离梦想越来越远。

高中毕业后，珍妮找了一份稳定又简单的工作，每天看着时间从指缝中流逝，珍妮再也忍不住了，她辞去工作，决定前往非洲。珍妮的妈妈无法理解女儿，甚至因此不再跟珍妮往来，但珍妮没有放弃，她天生就对动物充满好奇心，而且她成年了，应该勇敢地为自己的梦想而拼搏。

十八岁那年，珍妮独自一个人远赴非洲。幸运的是，她在那里认识了人类学家路易斯先生。当珍妮看到只有在生物杂志上才能看到的学者站在她面前时，她无比激动地上前跟路易斯先生打招呼。

"你说你想成为动物学家，可是你没有大学文凭？"当路易斯先生听完珍妮的自我介绍后，说的第一句话就给珍妮浇了一盆冷水。

"先生，我以为您是一位不被传统观念束缚的人……"珍妮有点恼怒，她没想到崇拜的学者对她并不认可，哪怕她把自己对动物的研究说得十分精彩。

"女士，感谢你对我的评价，但我想说的是，学问和学历在这片非洲土地上并不重要，只要你对动物怀有强烈的好奇心和热情，我们非常愿意让你加入团队。"路易斯的话语让珍妮感动得泪流满面。于是，珍妮获得了跟路易斯先生的团队一起工作的机会。通过这份工作，她不但获得了野外考察工作的基本知识，还对黑猩猩这个物种产生了强烈的兴趣。

当时动物学界普遍认为动物是没有感情、不会使用工具的，长期的野外实地观察是没意义的。但珍妮在好奇心的驱使下，决定一个人留在非洲这片丛林里，潜心研究黑猩猩。可就连路易斯先生都不赞成珍妮把生命浪费在这件没有意义的事情上。于是，珍妮跟路易斯先生说："先生，当时我加入您的团队时，您说好奇心比学问和学历都重要，其实好奇心何尝不比'结果'重要呢？如果不试一试，我们可能永远不了解动物。"留下这句话，珍妮走进了丛林。最开始，丛林里的黑猩猩一看见人就会立刻消失得无影无踪，这让珍妮感到绝望。但随着时间的流逝，珍妮终于用自己的耐心和爱获得了黑猩猩对她的信任。

二十年后，珍妮走出丛林，告诉人们动物也有着丰富的感情世界，而像黑猩猩这样的动物早已跟人类一样学会使用工具了。而且黑猩猩在生物学上与人相似度非常高，黑猩猩的遗传物质中只有百分之一与人类不同。谁也没想到这一惊人的结论出自一个只有高中学历且没受过系统动物学教育的人，但事实证明，珍妮说的一切都是正确的。她的结论也为动物学提供了新的理论和研究方向。

成长·心语

在现代社会，当一件事情不能即刻带来巨大利益时，往往被搁置一旁。我们也看到许多父母用分数或薪水的高低来衡量自己的孩子是否成功。然而事实上，以结果为导向的人生往往充满了遗憾。我们不要轻易扼杀孩子的好奇心，而应该积极地去引导。

坚强独立靠自己

坚持自己的梦想

天行健，君子以自强不息。

——《易经》

罗伯特是一个爱唱歌的小男孩，他的理想是当一名歌唱家。可阻碍他理想的最大问题是——他口吃得非常厉害。上学的时候，每当老师喊他站起来回答问题，全班的同学都会望着他发笑，罗伯特因此特别害怕被老师提问。

一次，老师布置大家写作文，题目是"我的理想"，罗伯特把自己真实的愿望写在了作文里。然而，有几名调皮的同学抢走了他的作文本，在看到罗伯特的理想是当一名歌唱家的时候，纷纷嘲笑起他来：

"从来没有过结巴歌唱家！"

"难道上台也要转过身表演吗？

"罗伯特唱歌？年度最好笑的笑话……"

罗伯特的自尊被这些话深深地刺伤了。他抢回自己的作文本，冲出教室，回到了家。

那时候，罗伯特家里并不富裕，他平时还要做一些跑腿的差事。那天，罗伯特的父亲让他给一位顾客送货。罗伯特低着头答应了，他把作文本揣在了怀里就去送货。收货的顾客是一位美丽的女士，罗伯特礼貌地把物品送到女士手里，就默默地离开了。

突然，那位美丽的女士喊住了罗伯特。原来女士捡到了他落下的作文本，并且刚好看到他写的关于理想的那篇作文。

罗伯特红着脸结结巴巴地道歉，担心女士像其他人一样笑他不自量力，想拿回作文本就跑。可女士用一种亲切的语调安抚了他的不安："如果你真的想成为一名歌唱家，那就要坚定自己的信念，并且为之付出努力。"

"可……可……我是结……结巴，再……再努力也……也没什么用吧？"罗伯特很没自信地回答。

"你的父亲我认识。据我所知，你并不是天生的口吃，而是某些心理方面原因造成的。只要你想，你愿意付出努力，就可以克服口吃的问题。"女士温柔地望着他，"罗伯特，你愿意跟着我尝试吗？"

"您……您真的觉……觉得我，我……我可以吗？"罗伯特难以置信地问。这还是第一次有人肯正视他的梦想。

"我相信你可以克服的，罗伯特。不然，你不会这么认真地写出这篇很棒的作文。所有美好的理想都是值得被尊重和认真对待的。"女士朝着他点头。

原来，这位女士是一位从歌剧院退休的歌唱家，她收了罗伯特当学生，教罗伯特演唱的技巧，并且帮助他克服心理上的问题。在得到老师认可之后，罗伯特没有再像之前那样害怕被嘲笑，而是学会正面对待那些嘲笑他梦想的人。他不但继续回学校上课，回家后也努力帮家里干活挣钱，哪怕累得精疲力竭，他也不忘坚持练习。

罗伯特一开始对着镜子说话和练声，之后对着动物和小孩说话和练声，后来对着父母，对着同学说话和练声。他按部就班，循序渐进，一步一步地克服了自己的心理障碍。直到有一天，他终于在肯定他梦想的老师面前，完整而流利地唱出了一首歌。

"罗伯特，你唱得真棒！"

在听到老师的肯定和鼓励的话语时，罗伯特感动得热泪盈眶。

为了不辜负支持和信任自己的人，罗伯特更加认真地学习和训练。

后来，音乐厅招聘伴唱人员，罗伯特去面试，打败了几十名竞争对手，赢得了这个宝贵的机会。通过当伴唱的工作经历，他又继续学习和锻炼自己，不断地提高自己的演唱水平。

整个音乐厅里没有任何一人看得出罗伯特从前有口吃的毛病，反而为他歌声中蕴藏的热情而惊艳。罗伯特也凭借着他的努力和拼搏，一步步地走上了成为著名歌唱家的道路。所有认真而美好的梦想，都值得他人去尊重，都值得让人坚持到底。

成长·心语

　　不要因为他人的嘲笑就动摇了自己的意志，埋藏了自己的梦想。追寻梦想的路上，难免遇到挫折，这个时候我们更需要坚强地面对，有足够的勇气和信心才能一路走下去，看到美梦成真的曙光。

自信是成功的动力

　　一个人失败的最大原因，就是对于自己的潜力永远不敢充分的信任；甚至自己认为必将失败无疑。

——富兰克林

　　相信自己的人，比起对自己的能力认识模糊不清、游移不定的人，更容易成功。

　　从前有一位年轻的美国画家，他除了画画的本领一无所有。他没有工作，也没有钱租房子，借用了好心人给的一个废旧车库作为居住和作画的地方，而这个车库里经常有老鼠四处乱窜。

　　年轻人被残酷的生活压得几乎喘不过气来，但他并不沮丧，因为他怀揣梦想。他相信自己总有一天能成功，获得社会的认可。所以，哪怕沦落到住废旧车库，他也从不放弃练习画画，甚至以同住的老鼠为灵感的对象，画了很多惟妙惟肖的老鼠。

终于有一天，有个人给他介绍了一份工作，让他去参与一部好莱坞动画片的制作。他把自己在废旧车库里得来的灵感运用上了，于是，风靡全世界的经典卡通形象——米老鼠诞生了。这位从不对自己失去信心的年轻画家，就是迪士尼的创始人——沃尔特·迪士尼。因为可爱的米老鼠，他已经红遍全世界。

还有一个居住在纽约贫民区的年轻人，从小家里就十分贫穷，父亲是分拣邮件的，妈妈是一个小公司的接待员，全家的日子连温饱都难以为继。年轻人从七岁起就要帮忙分担家务，照顾弟妹，十三岁的时候，就想着自己做小生意赚钱，他想自己存够学费，考上好大学，走出贫民区，他也相信自己有这个能力和才华。

通过他自己的努力，他终于考上了哈佛大学，还申请到了奖学金，并且读完了博士。从哈佛法学院毕业的他，做了纽约一家律师事务所的律师。但好景不长，他染上了赌博的恶习，并且难以改正，事务所也以此为由解雇了他。

年轻人从底层好不容易爬上去，找到了好的职位，但一朝又被打落，跌入泥地里。周围的人都纷纷疏远他，看不起他，冷眼嘲笑他。年轻的律师也觉得自己的一辈子就这样完了，他失去了所有信心，龟缩在贫民窟的旧房子里，连门都不愿意出了。

直到有一天，年轻人的父亲拿了一本书给他："孩子，我知道你现在的状况很糟糕，但是你看看这本名人传记的前五十页吧。"

年轻人很快就读完了那本书的前五十页。父亲又让他继续读，读到那本书的三百页之后。

等到年轻人花了大半天时间看完，父亲语重心长地对他说："你发现这本书前五十页和三百页之后的差别了吗？这本书写的名人，在前五十页的内容里，比你现在的状况还糟糕，但是三百页之后，你也看到了他取得的成就有多么大。书中的名人，在遭遇困难时会想到以后自己能成功吗？谁都无法预测人的一生，每个人都有遇到苦难的时候，但只要你不失去信心，你完全可以再爬起来，奋斗出一番事业。"

父亲的话让年轻的律师幡然醒悟。他还年轻，不能对自己以后漫长的人生失去信心。过去的失败正好

给了他经验和教训。年轻人重新振作，他后来进入了
一家商品交易公司做销售员，因为他的努力和认真，
很快升为了金牌销售员。后来，他所在的企业被名企
高盛并购，年轻人在并购后的业务调整中表现出色，
带领一个部门创造了高达一千两百万美元的收益。凭
借着这样出色的能力和业绩，他很快受到重用，并且
一步步升职，最后成为高盛的首席运营官。这个年轻
人就是被称为华尔街最聪明的运营官的劳尔德·贝兰
克梵。

成长·心语

　　每个人的人生都不可能一帆风顺，总会遇到低谷。往往这种时刻，你会灰心丧气，觉得自己的前途一片黑暗。但请你相信，人生中没有走不出去的低谷，也没有克服不了的困难。请你相信自己，不要放弃努力，要去拼搏、去尝试。如果你的人生是一本厚厚的书，你并不会提前知道代表你人生辉煌成就的页码是多少。但只要你坚持下去，就可以"翻"到属于你的精彩未来的那一页。

　　人生的精彩，要靠自信的你去打拼得来。

★★★
坚强独立靠自己

065

任何人都不能否定你

一个人只要强烈地坚持不懈地追求，他就能达到目的。

——司汤达

每个人的人生中或许都要走一段弯路，遇上一段黑暗的时光，在困境中坚持下去了，才会见到光明。

有一个男生，他成绩一直不好，又正当青春叛逆期，整天在学校打架闹事，差点被学校开除。高二开学考试的时候，他带头作弊被监考老师抓了现行，班主任请来家长对他进行批评教育。也许是班主任话说得太重了，他竟然动手打了人，班主任当时就骂他是个废物，是一辈子扶不起的阿斗。

打人的后果很严重，他被学校直接劝退了，他的父母不想就这样放弃他，托人四处找关系，把他弄进了另一所中学。一开始，他还是老样子，上课看小说、睡觉，基本上每节课都在开小差，放学了他就一个人去网吧玩游戏。

在进入高三的时候，他的妈妈查出来得了病，家里治病花了很大一笔钱。他的妈妈希望他能考到北京去，但他的爸爸嘲讽他，觉得他能考个专科就不错了。

妈妈和爸爸吵了一架，这时男生突然就开窍了，为了妈妈，他下了决心要好好学习，要创造一个奇迹，要去北京上大学。

他的基础很差，于是去书店买了很多复习资料，借来同学的笔记开始认真复习。他把北京两个字刻在座位上，每天提醒着自己，他妈妈对他那么信任，他不想让她失望。

离高考只剩下不到两百天，有人背后笑话他是装样子，后来几次考试，他的成绩也并没有多少起色，排名依旧在全校倒数十名之内。但他自己知道其实自己进步很大，以前看"天书"一样的试题，他大多已经会做了。

高三下学期的第一次模拟考，他考进了班上的

坚强独立靠自己

前三十名，有同学嘲笑他是抄来的，换作以前，他铁定会和这些人打一架，但是那一次他什么也没说，老老实实地向老师请教错题。此后，他每天除了睡觉、去医院看他妈妈，几乎泡在了书堆里。第二次模拟考他考进了班级的前五名，学校排名也飞跃到年级前一百五十名，这一下没有人说闲话了，但大家在心底仍然不相信他。

高考成绩出来的时候，他上了六百分，老师和同学们都惊呆了。他如愿以偿地去了北京上大学，后来看到他，发现他完全换了一个人。

他的经历很让人佩服，对待困境，他有一种迎难而上的冲劲和拼劲，他经历过被人看不起的过程，他没有否定自己，而是用结果向那些鄙视他的人证明了自己。

每个人都不是完美的，谁都有缺点，学会对他人宽容一些，同样，感觉自己很糟糕的时候，不必责备自己，错了就改，有梦想就去追求。在这个世界上，任何人都不能否定你，除了你自己。

成长心语

　　人最大的敌人永远是自己，我们无论做什么，都要时刻记得深入总结，深刻反省。在追寻目标的道路上，如果别人看不起你，你不必在语言上战胜他，但你一定要在行动上打败他。人生中走了一小段弯路不要紧，可怕的是一个人走在弯路上却不自知，浑浑噩噩地度过一生。

坚强独立靠自己

在人生低谷时要学会自救

那些最能干的人，往往是那些即使在最绝望的环境里，仍不断传送成功意念的人。他们不但鼓舞自己，也振奋他人，不达成功，誓不休止。

——安东尼·罗宾

人生就像起起伏伏的函数图，有喜悦的成功，也有落寞的失败。追求理想的道路上，当你跌入人生的低谷时，不要怨天尤人，要学会审时度势、进行自救。

一匹年老的骡子掉进了一口枯井里，不住地嚎叫惨叫，它的主人急得不得了，绞尽脑汁地想救它上来，主人围着枯井转了几个小时，最后狠狠心决定放弃这匹骡子。

这匹骡子已经老了，干不了什么农活了，既然救它要大费周章，为什么不直接放弃呢？主人心想。考虑到这口枯井还会导致其他的牲畜遭殃，主人决定把这口井埋掉。

主人请来一些人帮忙，告诉他们骡子不值得大家费心思，不如大家一起努力把井填满，解决后顾之忧。于是，大家就忙活起来，每人拿着一把铁锹往井口铲土，骡子在井底一开始还拼命地嚎叫，过了一会儿，它忽然安静下来了。

主人感到奇怪，他探头往井下一看，发现骡子踩在土堆上，俨然上升了不少。原来骡子意识到自己处境不妙，发现上面有土掉下来，它便不断抖掉身上的土踩在泥土堆上，靠这样的方法不让自己被埋。上面的人不停地铲土，骡子便踩着土堆慢慢地上升，最后终于上升到和井口相平的位置，骡子成功得救了。

有时候，我们就像跌落井底的骡子，以为走到了命运的绝境，但其实还是可以自救。人生的低谷并不可怕，可怕的是，你在心底就把自己打败了，觉得自己跨不过去这一道难关，不肯去付出努力。不逼自己一把，你永远不知道自己的潜力有多大。

有一次，拿破仑带着自己的士兵经过一条河，此

坚强独立靠自己

时，一个士兵刚好不小心掉进了河里，他见到拿破仑，用力地挥舞着双手喊救命。拿破仑简单地观察了一下落水者，发现他懂一点水性，只是在这种情况下，这个人完全丧失了自救意识。

拿破仑没有理会落水的人的呼救，他转身夺过士兵手中的一把枪，对着落水者的周围开枪，大声地告诉他："快一点往前游！不然子弹会打穿你的脑袋！"

落水者被枪声吓了一跳，几乎是一瞬间，他猛地朝岸边游去，凭着求生的本能迅速游上了岸。

落水的人被逼到了生与死的绝境，才选择自救保命。记住，把命运交到别人手中永远是不明智的选择，只有依靠自己，你才能真正地摆脱困境。

当你遇到困难时，也许别人会给予你帮助，但是别人不会永远帮你。一味地依靠别人不是长久之计，我们要想在人生路上取得成功，必须得靠自己，学会自救，把握自己的人生。

成长·心语

　　一个人在心情低落时，你要学会自己开导自己；当你做一件事屡次失败时，你要学会转移注意力。自救是要学会从内心剖析自己，做一个坚强的人，坦然地面对一切逆境。在漫长的人生路途中，无论是谁都会遇到各种困难，面对困难，想到的第一件事不应该是请求别人来帮你，只要你不向困难低头，沿着低谷往前走，你会发现解决它并不那么难，朝着你的目标勇敢出发，你一定会战胜一切。

坚持到底

人不是因为没有信念而失败，而是因为不能把信念化成行动，并且坚持到底。

——戴尔·卡耐基

不幸和幸运，你往往不知道哪一个会率先降临到你头上。米契尔就是同时经历了不幸和幸运的人。不幸的是，他遭遇了两次平常人或许一生都不会遭遇的巨大灾难。幸运的是，他拥有了超越无数平常人的运气，从巨大的灾难中幸存下来。

第一次不幸的事故发生在米契尔四十六岁的时候。他搭乘飞机遭遇了事故，全身百分之六十五以上的皮肤都被烧毁了。经历了前前后后十几次手术，米契尔保住了生命，但是他的手指没有了，脸部也因为植皮变得面目全非，双腿行走困难，只能靠轮椅行动。如果普通人遭遇米契尔这样的灾难和打击，可能就一蹶不振了。但是米契尔有一股坚持到底的蛮劲儿，他因为飞机事故失去了健康，就想着要自己驾驶飞机征服蓝天。谁也没想到，他的愿望竟然真的实现了。半年后，米契尔驾驶着飞机飞上了天空，让人们惊叹不已。

第二次不幸的事故发生在四年后，米契尔驾驶的飞机遭遇起飞事故，刚起飞就重重地摔落在跑道上。等米契尔被人从冒烟的飞机上抢救出来时，米契尔背上的脊椎骨已经在这次灾难中被压碎了，腰部以下全部瘫痪。

"也不知道上帝是偏爱我，还是讨厌我。"当米契尔从重症监护的病床上醒来后，笑着对来探望他的朋友说，"不过，我绝不会向命运认输的。"很多人认为，这只是米契尔的自我安慰。一次奇迹发生后，再也不会有第二次奇迹了。瘫痪的米契尔，也再也没办法驾驶着飞机飞上蓝天了。就算不认输，可米契尔的人生，也就到此为止了吧。

但米契尔的人生里，没有终止两个字。他积极地配合医生和护士的治疗，没有办法从事喜爱的运动和飞机驾驶，他就开始丰富自己的头脑。他阅读了大量的书籍，听了许许多多的关于事业、知识、科学的讲座，如饥似渴地吸收着知识。别人不理解他为什么还要那么努力。米契尔微笑着回答："我瘫痪之前可以做一万件事，现在我只能做九千件，我还可以把注意力和目光放在能做的九千件事上。我的人生遭受过两次重大的挫折，但我不能把挫折当成放弃自己的借口。"

正因为米契尔的永不言弃和坚持到底，他再一次创造了他人眼中难以置信的奇迹。米契尔成为一名演讲家、企业家，成为富翁，甚至还涉足了政坛。他以自己的亲身经历告诉大家，命运赠予你的不幸并不可怕，只要你心中有希望和坚持，依然能拥有美好的未来。

成长心语

　　电影《阿甘正传》里有一句经典台词："生活就像一盒没打开的巧克力糖，你永远不知道你拿到的下一颗是什么滋味。"的确，我们都不知道，生活的下一秒钟会给予我们什么口味的巧克力糖，是苦涩的，还是甜蜜的？但不论是什么样的巧克力糖，我们都只能坦然地面对和接受。

　　命运给予你不幸，你能够坦然面对，并以此磨砺自我，重新振作出发吗？命运给予你幸福，你能够保持平常之心，珍惜并感恩这份馈赠吗？人生无常，贵在心怀希望，努力坚持。

坚强独立靠自己

失败不可怕，要继续尝试，只要坚持，一切皆有可能。

——尼克·胡哲

今年三十五岁的尼克·胡哲已经闻名全球了，他做的演讲场次不可胜数，是澳大利亚的优秀青年。

1982年12月4日，胡哲出生在澳大利亚的墨尔本，天生没有四肢。这种病十分罕见，在医学上被称为"海豹肢症"。他只有躯干和头，就像一段残破的木头。整个身体能利用的部位，只有那只长着两根脚趾的小脚。因为这个原因，他的脚被妹妹戏称为"小鸡腿"，甚至连他们家的宠物狗都误以为他的腿就是鸡腿，还想要吃掉它。

尽管如此，幸运的是，他生长在一个有爱的家庭里。胡哲的父亲是一名工程师，母亲是一名护士。在他一岁半的时候，父亲就把他放到水里学游泳。六岁时，他的父亲教他如何用那只被所有人嘲笑的"小鸡腿"打字。他的母亲更是想尽办法为他特制了装置，让他能够"握笔"写字。八岁时，胡哲的父母做了一个大胆的决定，把他送入普通小学，让他像普通孩子一样成长。

没有父母陪在身边的胡哲要独自面对周遭人的异样眼光，在学校饱受同学们的嘲笑和欺侮。幼小的他无法承受，十岁时，他曾试图利用家中的浴缸溺死自己，但没能成功。

在父母的陪伴、开导下，他学会战胜困难活了下来，他才有机会看到，原来他的人生有着无尽的希望。

后来有一天，母亲给胡哲看了一篇文章，文章中的那名残疾人虽然有着身体的缺陷，但是却从来没有看低过自己。其中有一句话说道："上帝把我们生成这样，就是为了给别人期望。"这句话让胡哲深受启发，他告诉自己永远不要放弃。

胡哲虽然没有健全的四肢，但有一个清晰的头脑

坚强独立靠自己

和一张灵巧的嘴。他总是能用无比轻松的语调来调侃自己的经历，他不会在意别人讶异的眼光，并对自己充满了信心。因为这些努力，他做到了绝大多数普通人无法做到的事：在被学校拒绝了五十二次之后，他终于感动了学校的负责人，争取到了一个五分钟的演讲机会和五十美元的薪水，他就这样开始了他的演讲生涯。慢慢地，他成了一名全球知名的励志演说家。

你以为这就够了吗？

不，对于一个永不放弃的人而言，这些还是远远不够。

经过很长一段时间的艰苦训练，看起来毫无用处的左"脚"成了胡哲的日常帮手。他不仅利用它维持身体平衡，还能够用它踢球、打字。

除了游泳外，他对滑板、足球也很感兴趣，还喜爱英超比赛。对了，胡哲还能打高尔夫球。在做击球这种高难度动作时，他会将特制球杆放在下巴和左肩之间夹紧，然后击打。

虽然身体有缺陷，但是胡哲从来没有放弃过他对生活的热爱和对兴趣的追求。2008 年在夏威夷，胡哲学会了冲浪，而且因为能够在冲浪板上做三百六十度旋转这种高难度动作，他登上了美国权威的水上户外杂志《冲浪》的封面。面对记者的采访，他并没有过多地陈述，反而十分平静："我的重心十分低，因此能够很好地掌握平衡。"

他精通多种户外活动，但对学业也没有丝毫的放松。在父亲的帮忙之下，胡哲取得了会计和金融企划的双学士学位。

当胡哲向人们说起自己不屈服于命运的经历时，他的从容自信、幽默风趣形成了他最独特的风格，这让他深受听众们的喜爱。

尼克·胡哲，没有四肢又怎样！他依然优秀地站在地球的土地上，用他永不言弃的、对生命感恩的心，向世人展示出人生不一样的精彩。

成长·心语

　　身体的缺陷无法弥补，精神的世界却可以丰富。那些与生俱来的困难可以击垮你一次，可是，只要你自己努力站起来，不放弃希望，那么，它就无法真正击倒你。能打败你的，永远只有你自己。尼克·胡哲凭着自己永不放弃的决心战胜了困难，他如此坦然地应对自己的人生，凭着自己的信念和坚韧的精神一步一步完成自己的人生目标，收获人生的快乐。

负重笑对人生

上天给人一份困难时，同时也给人一份智慧。

——雨果

哈娜五岁那年，父亲就去世了。妈妈怕哈娜和哈娜的弟弟难过，骗她们说，爸爸到外地出差。她和弟弟是由妈妈一个人独自带大的。

一个女人带着两个孩子，工资微薄，生活时常入不敷出。因此，这位体弱多病的妈妈便只能向亲戚朋友借钱，久而久之，家里就欠下了许多债务。

不幸的是，哈娜高二那年，她妈妈因为小脑中风倒下了，哈娜和弟弟手足无措。但是面对病床上虚弱的母亲和比自己小好几岁的弟弟，十六岁的哈娜选择了承受。她一边要处理医院的事情，和医生沟通母亲的病情，一边还得安抚年少的弟弟，努力使自己变得坚强。

生活的拮据，迫使哈娜早早地承担起家庭的重担，她只能外出工作。

弟弟要上大学了，她想给弟弟换一台新的电脑，便抱着碰运气的态度报名参加了当地举办的一个选美比赛，没想到最后获得了冠军，于是哈娜开始了自己的演艺道路。

过了两年，哈娜得到了一个进入大学的机会。尽管这时她的事业已经慢慢步入正轨，但是她还是选择放弃一部分工作，让自己进入大学学习。

哈娜身边的同学还都是略带稚气的脸，她却要在工作和学习之间来回奔波。即使如此，她也坚持从不缺课，再忙再累也不会耽误学业。

哈娜努力读书、工作，终于在二十五岁那一年还掉了家中所有的欠款。又过了几年，哈娜买下了属于自己的房子，让自己、母亲和弟弟过上了不错的生活。

然而她没有一刻让自己松懈，反而对自己的要求更加严格。为了演好自己接的戏，哈娜会不停地揣摩角色，还会在每天睡前阅读关于戏剧和电影的书籍，来丰富自己。

有一次，记者采访哈娜，问道："你出道前遭遇了那么多的不幸，请问你是怎样鼓励自己战胜你遇到的这些困难的？"

哈娜笑着回答到："谁的生命中没有遇到过这样或那样的不幸，我只是碰巧遇到的多了一些而已。当你学会微笑面对这些不幸的时候，它们就已经被战胜了一半了。"

成长·心语

对生活报以微笑的人，运气不会太差。当你面对困难也能无畏地微笑的时候，世界上就没有什么事情可以难倒你了。

尊重自己的格雷

自重者然后人重，人轻者便是自轻。

——《增广贤文》

在一个寒冷的冬天，格雷的家乡遭受了非常严重的雪灾，很多房屋都被大雪压垮了，田地里的庄稼也被冻死了，格雷的爸爸妈妈也不幸去世了，于是他和大家一起无奈地踏上了乞讨的道路。

可是，当他们走出家乡，才发现原来这个国家的很多地方都遭受了雪灾，能乞讨到的食物非常少。渐渐地，有很多人开始为了食物想各种办法，甚至有人趁人不备，偷偷从路过的人家的厨房里偷出来食物，然后飞快地跑掉。

格雷从来没有去偷过食物，偶尔遇到好心人看他年龄小愿意送给他东西吃时，他会礼貌地道谢，并且帮对方做一些力所能及的事情。

格雷的行为让一起乞讨的人嘲笑不已："喂！格雷，你要弄清楚自己的身份，你是个乞丐，别人给你东西吃是施舍，你只要感恩戴德地接过来就可以了。"

"不，不是这样的。"每当这个时候，格雷都会很认真地回答。

"我并不认为自己是一个乞丐，我只是暂时需要得到别人的帮助而已，用自己的劳动换取食物，这并没有什么可耻的。"

"哈哈！真像一个傻子，你这样下去，早晚会饿死的。"人们不屑地摇摇头。

格雷并没有饿死，相反，因为他不卑不亢的态度，有很多人愿意帮助他。

后来，他们走到了一座大城市。那是这个国家最大的城市，有很多善良又富有的人住在这里。格雷他们来到城门口，一下子就被空气中飘来的食物的香味吸引。

"天哪！这里一定是天堂！"有人夸张地叫道，"一定会有很多人施舍给我们食物的。"

他并没有猜错。在他们到来后不久，这座城市里最富有的温莎夫人就开始派送食物，包括格雷在内的每个人都得到了两人份的面包。很多人道谢都来不及，直接捧着面包狼吞虎咽地吃了起来。

可是，在人群中之中，已经两天没吃东西的格雷却并没有马上享用食物，他首先整理了一下自己身上破破烂烂的衣服，尽量让自己看起来整洁一点，然后走过去深深地向温莎夫人鞠了一躬。

"尊敬的夫人，感谢您慷慨无私的帮助，请问我能为您做些什么呢？"

"可怜的孩子！"温莎夫人摸摸格雷的头发，"我并没有什么需要你帮忙做的，赶快吃一点东西吧！"

"谢谢您！"格雷露出一个感激的微笑，"如果您以后有什么需要我做的，请一定要告诉我。"

"你为什么想要帮我做事情呢？"格雷的坚持让温莎夫人感到非常奇怪。

"因为我不想被别人当成乞丐。"格雷挺起了小小的胸膛，"所以希望能用自己的劳动换取这些面包。"

听完格雷的话，温莎夫人的眼睛湿润了，但她什

★★★
坚强独立靠自己

么也没说，只是安排人带格雷去旁边帮忙一起发放食物，以此来实现格雷用劳动换取所得的愿望。

　　雪灾过去了，人们纷纷启程返回家乡，格雷被温莎夫人留在了这座城市，在温莎夫人的帮助下，他接受了良好的教育，长大后成为一名非常成功的人士。

　　很多年之后，有人问温莎夫人为什么会收留格雷，温莎夫人笑着回答："因为一个懂得尊重自己的人，值得拥有更好的人生。"

成长·心语

　　尊重是一种高贵的情感，它不仅能带给别人春风拂面般的温暖，更能帮助自己走出生命的寒冬。就像故事里的格雷一样，虽然身处非常糟糕的境地，却始终没有忘记在尊重别人的同时也尊重自己，最终赢得了温莎夫人的认可和帮助。

　　在日常生活中，我们要始终坚守做人的尊严，学会尊重我们自己，无论遇到多么大的困难，都不能自甘堕落。我们要明白，真正能让一个人贬值的并不是别人的轻视，而是自我的否定，只有真正尊重自己的人，才不会被成功拒之门外。

坚强独立靠自己

梦想的力量

对未来的真正慷慨，是把一切都献给现在。

——阿尔贝·加缪

每一个人的梦想都不相同，有的人梦想远大，希望自己功成名就；有的人梦想很平凡，他们甘愿平静地过一生。但不论是哪一种梦想，只要它是正面的、阳光的，都值得我们追求并尊重。

蒙迪是美国犹他州的一名中学生。他家境贫寒，但性格开朗活泼，同学们都很喜欢他。

有一次，老师比尔给大家布置了一份作业，让大家写一篇关于未来的作文。

蒙迪对这次的作文主题非常感兴趣，一回到家，他就坐到桌子前，拿起笔刷刷地写起来了。花了大半个晚上的时间，蒙迪写完了一篇足足有七页的作文，十分详细地描述了他的梦想："未来我将拥有一个占地两百英亩的大牧场，里面有马儿，有跑道，还有种植园……"蒙迪把牧场的规划写得十分详细，甚至还画了建筑的设计图。

第二天，蒙迪十分兴奋地把自己的作文交给了比尔老师。然而等作文被批改回来的时候，蒙迪发现自己拿到的是最差的成绩——"F"，他既震惊又难过。为什么自己认真写的作文，却只拿到了最差的成绩呢？蒙迪想不明白，便去找比尔老师询问原因。

比尔老师非常直接地回答他说："蒙迪，你的作文写得很认真，我认可这一点。但是你的想法太不切实际了。你想想，你的父亲只是一个养马的工人，你们家连自己的房子都没有，而你将来想拥有一个超级大的牧场？你太天真了。你知道要拥有一个大牧场需要多少钱吗？"

蒙迪被比尔老师泼了一盆冷水。他抿着嘴唇，没有回答。

比尔老师摇摇头，看着蒙迪，最后说道："如果你愿意重新写一篇作文，写一个实际一点的梦想，我可以考虑重新给你评分。"

蒙迪闷闷不乐地带着被评了低分的作文本回了家。

这个时候，蒙迪的父亲正好在清理马厩，蒙迪走到了父亲跟前，把作文得了低分的事告诉父亲。

蒙迪父亲叹了一口气，对蒙迪说道："孩子，你可以自己好好想一想。不过，你一定要想清楚了，因为梦想对你来说很重要。"

蒙迪回到了自己的房间里。他透过房间的窗户，看着外面的风景。父亲是牧场养马的工人，所以他们一家人才能免费住在牧场的房子里。每一天，父母都要辛勤劳动、赚钱养家。

蒙迪希望如果有一天自己拥有了大牧场，就有能力让父亲和母亲享福，不再那么劳累。

考虑了一晚上，蒙迪决定坚持自己的梦想而且一定要实现它，哪怕老师给他的成绩是最差的"F"。

第二天，当比尔老师知道蒙迪的决定后，摇摇头离开了。蒙迪把作文本紧紧地攥在了手里。

很多年过去了，蒙迪仍然保留着那个作文本。那篇被老师打了低分的作文也一直激励着他不断地努力——虽然遇到了很多困难，但他绝不轻易放弃。多年后，蒙迪终于靠自己的努力，拥有了自己的大牧场。

让人意想不到的是，在蒙迪拥有的占地两百多英亩的超级大牧场上，他与带着一批小学生来参观旅游的比尔老师相遇了。

当比尔老师得知曾经被他轻视的蒙迪，竟然真的拥有了一座大牧场，他的神色显得十分尴尬。他懊悔不已地向蒙迪道了歉，说自己不该在那时轻视一个孩子的梦想。

成长·心语

　　每一个孩子最坦诚的梦想都值得被人尊重。因为梦想的最大价值就在于它高于现实生活，带着对未来的美好憧憬，它鼓励我们勇敢想象，激励我们自信地立下远大的目标。

　　因此，我们可以勇敢地去追寻自己的梦想。要相信，梦想虽然远大，但是靠着自己的努力，我们会一步一步接近它。

坚守气节

天下兴亡，匹夫有责。

——顾炎武

    1931 年，"九一八事变"爆发，日本侵占中国东北，并且将战火向南方蔓延。著名的京剧艺术表演大师梅兰芳为了鼓舞全国人民抗争外敌的士气，排演了《抗金兵》《生死恨》等爱国戏剧。同时，梅兰芳也接到了苏联的演出邀请，然而他如果赴约，需要乘坐火车经过被日军占领和统治的"伪满洲国"。

    梅兰芳态度坚决地向苏联官方表示：他绝不会踏上日军侵占的中国土地，宁愿放弃邀约。苏方不得不改派轮船接梅兰芳走海路，从海参崴再转乘火车到莫斯科。日本侵略者在 1937 年发动全面侵华战争，攻占了上海。从北京辗转来到上海的梅兰芳在日军踏进上

坚强独立靠自己

海后便拒绝登台演出，从此失去了经济来源。梅兰芳一家人不得不靠典当旧物度日。一个汉奸数次登门游说梅兰芳，让他去给日本人表演几场戏，一场表演他可以给出一百根金条的出场价。但梅兰芳不为所动，坚持不肯为日本侵略者表演。

1938年，梅兰芳一家人从上海移居香港，从此深居简出，不再露面。当日本侵略者将战火蔓延到香港时，梅兰芳想起之前在上海饱受日军和汉奸的纠缠，便开始思考对策。有一天在对着镜子刮胡子的时候，他灵机一动，决定蓄须明志，拒绝演出邀约。

不久，又有为日本侵略者做事的汉奸前来劝梅兰芳妥协，但梅兰芳再次严词拒绝，并且说："日本人要是蛮不讲理，硬要我出来唱戏，那么，坐牢、杀头，也只好由他了。"汉奸只好作罢。

为了摆脱日军和汉奸的纠缠，梅兰芳一家人又从香港搬回了上海。这一举动令日本侵略者恼羞成怒，冻结了梅兰芳存于香港银行的全部存款，因此梅兰芳一家人连三餐温饱都成了问题，举步维艰。

梅兰芳不打算妥协，他准备卖画谋生。当上海的市民看到有梅兰芳先生画作出售的广告时，争相购买，梅兰芳的画不到两日便全部卖完，有人还支持和赞助梅兰芳举办画展。

然而，日本侵略者得知这个消息后，派人潜入梅兰芳举办画展的展览厅捣乱，驱赶前来参展的民众。梅兰芳和妻子赶来画展的时候，发现自己展出的画作上都被贴上了纸条，写着日伪汉奸和侵华日军将领的名字，说梅兰芳的画作全被他们订购了。

梅兰芳夫妻看到这一幕，立马将展厅的所有画作全部用小刀毁坏。他宁愿毁坏自己赖以谋生的画作，也不愿意让其落到日本侵略者和汉奸手里。

不久之后，有一名日伪特务头子气势汹汹地找梅兰芳，要求他必须为日军做一次慰问演出，并且直接威胁道："如今日本人当道，你还是识相点好！"

梅兰芳的夫人当场反驳道："梅兰芳是一名中国人，岂能出卖祖宗、放弃节操！"

特务头子大怒，抓着梅兰芳的夫人去看那些刑讯犯人的刑具，还端来一罐镪水威胁她。梅兰芳的夫人依旧抬头挺胸，毫不胆怯地说道："镪水怎么可能毁掉梅兰芳的国格和人格！"面对日伪给出的死亡威胁，梅兰芳夫妇依旧坚定地拒绝为日本侵略者演出。

梅兰芳坚守民族气节，直到抗战胜利，梅兰芳才剃光了蓄起来的胡子，重新登台表演。他的品德修养令无数人尊重和敬佩。

成长心语

　　梅兰芳先生不仅是伟大的京剧艺术表演大家，也是一位品德高尚、坚守气节的爱国人士。在国家危难之时，他宁愿全家人饿肚子，也不愿意讨好狼子野心的日本侵略者，再穷再困难他也不愿意屈服。后来人们对梅兰芳先生的评价非常高，不仅仅是因为他在艺术上的成就和贡献，还因为他坚守民族气节、热爱祖国的精神。

坚强独立靠自己

学会保护自己

强者容易坚强，正如弱者容易软弱。

——弗朗西斯·菲茨杰拉德

在美国俄勒冈州波特兰市的一所公立小学，有一位名叫汤姆的小男孩，他长得身材魁梧、体格健壮，力气也很大。

汤姆的妈妈担心他成为学校里的小霸王，欺负其他的同学，于是一直对他严格叮嘱：不可以仗着自己的身体优势欺负别人，要善良，有忍耐心。汤姆从小跟妈妈相依为命，所以很听妈妈的话。

直到一个学期结束，汤姆的妈妈看到了老师在汤姆的成绩单上写下的评语："汤姆是一个善良大方的孩子，身体素质很好，但他应该学会勇敢维护自己。虽然他又高又壮，但还是经常受其他孩子的欺负。"

汤姆的妈妈看到这条评语，既惊讶又难过。她问汤姆："孩子，你在学校里受到了欺负，为什么从来不跟我说，也不反抗那些欺负你的人呢？"

汤姆低着头，委屈又难过地说道："因为我不想让您难过和担心。妈妈，您一直告诉我要有忍耐心，要与人为善，但是那些人喊我'傻大个''胆小鬼'，把我推来推去，抢走我的篮球，我很讨厌他们这样做，但又不得不听您的话默默忍受这一切。"

汤姆的妈妈沉默了一会儿，儿子遭遇的一切她感同身受。良久，她才直视孩子纯真清澈的双眼，说道："孩子，我很欣慰你之前把妈妈的话牢记在心上。你不能仗着自身的优势用暴力手段去对抗他们，但是你可以用其他的手段来维护自身的尊严，让他们知道，你是不能被任意欺负的人。汤姆，你是我心爱的孩子，你的自尊受损一分，妈妈的心痛也会多一分。"

汤姆紧紧地抱住了妈妈，在妈妈温暖的怀抱里对自己说，以后他不会再让妈妈为他难过。

过了一个星期，在篮球场上练习投篮的汤姆被几名经常欺负他的男生围堵在了篮球场上。他们又习惯性地取笑汤姆："傻大个，你怎么还练球呢？你不知道你哪怕上了球场也抢不到球吗？"

"胆小鬼！这座篮球场不欢迎你！快走开吧！"

"白长了那么大的个子，哈哈哈……"

那些人说完嘲笑的话后就要抢走汤姆的篮球、抢占场地，但是这一次，汤姆毫不退让。他凭借自己的身高优势，一只手高高举起篮球，那些人哪怕踮起脚都够不着。汤姆用另外一只手把两名准备推搡他的男生紧紧地控制住，然后单手就把两人的手握在了一起，让他们再也无法动弹。那些人惊呆了："汤姆，你想干什么？"

"你打架的话我会向老师投诉你！"

那些爱欺负人的男生虚张声势地说道。

但汤姆只是牢牢地抓着两名男生，并且用毫不退让的目光直视那群喜欢欺负他的孩子："只要你们向我道歉，并且保证以后再也不会用这样的手段欺负同学，我就放你们走。"

无论那些人怎么嘲讽、挑衅，汤姆纹丝不动，始终让那些人定在原地，无法挣脱，也无法反抗。

直到他们没有了挣扎的力气，不得不小声向汤姆道歉，汤姆才松开了他们："如果你们真心喜欢打篮球，以后可以跟我一起玩，但请你们以后注意自己的行为，不要抢走别人的篮球，也不要霸占大家的场地。"

　　从那天起，汤姆的班上再也没有发生过恃强凌弱的事件，汤姆也成了同学们心目中最勇敢、帅气的人。

　　汤姆的妈妈从老师口中知道这件事后，明白自己的孩子真正长大了。他学会用自己的办法来维护自己的尊严，既维护了正义，也赢得了大家的尊重。

坚强独立靠自己

成长·心·语

　　在与人交往的时候，我们应该保持一颗充满善意的心，但是同时我们也应该学会维护自己的尊严和权利。学会保护自己，也是我们成长必须了解的一课。不会保护自己，那么就失去了一切向上发展的机会。所以我们要学会保护自己，正视自己的价值，并且为成为更好的自己而努力奋斗。